BEI GRIN MACHT SICH IHR WISSEN BEZAHLT

- Wir veröffentlichen Ihre Hausarbeit, Bachelor- und Masterarbeit

- Ihr eigenes eBook und Buch - weltweit in allen wichtigen Shops

- Verdienen Sie an jedem Verkauf

Jetzt bei www.GRIN.com hochladen und kostenlos publizieren

Personale und strukturelle Führung, praktische Führungsdilemmata sowie transformationaler und transaktionaler Führungsstil

Bibliografische Information der Deutschen Nationalbibliothek:

Die Deutsche Nationalbibliothek verzeichnet diese Publikation in der Deutschen Nationalbibliografie; detaillierte bibliografische Daten sind im Internet über http://dnb.d-nb.de abrufbar.

ISBN: 9783346783257
Dieses Buch ist auch als E-Book erhältlich.

© GRIN Publishing GmbH
Nymphenburger Straße 86
80636 München

Druck und Bindung: Books on Demand GmbH, Norderstedt Germany
Gedruckt auf säurefreiem Papier aus verantwortungsvollen Quellen

Das vorliegende Werk wurde sorgfältig erarbeitet. Dennoch übernehmen Autoren und Verlag für die Richtigkeit von Angaben, Hinweisen, Links und Ratschlägen sowie eventuelle Druckfehler keine Haftung.

Das Buch bei GRIN: https://www.grin.com/document/1309207

Inhaltsverzeichnis

Abkürzungsverzeichnis

Abk.	-	Abkürzung
bzw.	-	beziehungsweise
evtl.	-	eventuell
i. d. R.	-	in der Regel
MbE	-	Management by Exception
vs.	-	versus
z. B.	-	zum Beispiel

Abbildungsverzeichnis

Einleitung

Die nachfolgende Einsendeaufgabe befasst sich mit einem Teil der Führung und gliedert sich in die nachfolgenden drei Bereiche.

Im ersten Textteil wird die personale Führung von der strukturellen Führung abgegrenzt, sowie jeweils zwei Führungsinstrumente aufgezeigt. Abschließend erfolgt eine kritische Darstellung, inwiefern sich die beiden Führungsformen bedingen.

Aufbauend folgt im zweiten Teil das Aufzeigen der Dilemmata, welche sich in der Praxis zwischen der personalen und strukturellen Führung ergeben. Dazu werden jeweils zwei Dilemmata aufgezeigt und anhand von drei Praxisfällen erläutert. Schlussendlich werden Konsequenzen aufgezeigt, welche sich für die Gesundheit der Mitarbeiter ergeben könnten.

Diese Arbeit schließt mit den Themen Transformationaler Führung und Transaktionaler Führung ab. Dabei wird verdeutlicht, warum die Transformationale Führung der Transaktionaler Führung überlegen ist. Die beiden Führungsstile werden erläutert und in Kontext zur Gesundheit gebracht. Es wird ein Kriterium der Transaktionalen Führung aufgegriffen, um den Zusammenhang zur Gesundheit anhand eines Beispiels aus der Praxis zu verdeutlichen.

Textteil zu Aufgabe C1

Zunächst wird eine allgemeine Definition des Begriffes Personalführung abgeleitet. Um eine Grundlage für weitere Aufgabenstellungen zu schaffen, folgt die Abgrenzung der personalen Führung von der strukturellen Führung.

Der Begriff **Führung** ist in den unterschiedlichsten Kontexten, wie z. B. der Wirtschaft, der Politik oder der Familie wiederzufinden. Führung lässt sich pauschal definieren als Interaktionsprozess, in welchem eine beabsichtigte Einflussnahme eines Individuums auf andere Individuen stattfindet, um ein bestimmtes Ziel zu erreichen.[1]

In dieser Einsendeaufgabe wird der Fokus auf die **Personalführung** gelegt. Von der allgemeinen Definition Führung lässt sich konkretisierend für die Personalführung die nachfolgende Begriffserklärung ableiten. Die Personalführung beschäftigt sich mit der verhaltensbedingten Beeinflussung der Mitarbeiter durch die jeweiligen Vorgesetzten,[2] um letzten Endes ein intendiertes Verhalten zu erwirken.[3] Personalführung ist ein Prozess zur Lenkung, Steuerung und Beeinflussung der Mitarbeiter eines Unternehmens, um letztendlich ein bestimmtes Ziel zu erreichen.[4] Der Einfluss durch die Führungskraft ist nicht nur intendiert, sondern auch positionell legitimiert. Das bedeutet, dass der führenden Person durch ihre hierarchisch höhere Position Macht zugesprochen wird, um die unterstellten Mitarbeiter im Sinne der Zielerreichung zu beeinflussen.[5] Wird die Führungskraft jedoch von den unterstellten Mitarbeitern nicht sozial akzeptiert, ist die Macht nutzlos.

Demnach führt Weibler zusammenfassend drei wesentliche Faktoren an, welche das Konstrukt der Personalführung ausmachen: (1) Verhaltensbeeinflussung, (2) Akzeptanz und (3) soziales Gefüge.[6] Die folgenden Zitationen beziehen sich auf die Ausführungen von Weibler, falls nicht anders angegeben.

Das erste Kriterium **Verhaltensbeeinflussung** basiert auf der Beeinflussung des Verhaltens im Kontext Arbeit. Dabei möchte ein Mitarbeiter auf einen anderen Mitarbeiter einwirken, um ein gewisses Verhalten zu aktivieren oder zu verhindern. Es ist dabei nicht relevant, ob dies immer oder nur gelegentlich beabsichtigt wird. Nach Rosenstiel sind die Determinanten des Verhaltens die Faktoren: (1) Können, (2) Wollen, (3) soziales

---

[1] Vgl. Gabler Wirtschaftslexikon
[2] Vgl. Hartung (2018), S. 89
[3] Vgl. Weibler (2016), S. 30 f.
[4] Vgl. Robbins et al. (2014), S. 510
[5] Vgl. Kossbiel (1990), S. 199
[6] Vgl. Weibler (2016), S. 22 ff.

Dürfen/Sollen und (4) situative Ermöglichung.[7] Dabei kann sich Führung auf nur einzelne oder auf alle Faktoren beziehen. Die Verhaltensbeeinflussung kann auf verschiedene Weise, wie z. B. durch Anweisung oder Vorleben, stattfinden. Beim Beeinflussenden können sowohl Kognitionen als auch Emotionen angesprochen werden.

Ein zentrales Kriterium stellt die **Akzeptanz** dar. Eine Verhaltensbeeinflussung durch den Führenden kann nur dann stattfinden, wenn sie bei den Beeinflussten auf Akzeptanz trifft.[8] Umgekehrt bedeutet das, dass eine fehlende Akzeptanz zu einer verringerten Wirkung hinsichtlich der Beeinflussung führt. Dieser Annahme steht jedoch eine widersprüchliche Theorie entgegen. Die Prinzipal-Agenten-Theorie geht davon aus, dass das Verhältnis zwischen dem Prinzipal (Führungskraft) und dem Agenten (Mitarbeiter) durch Informationsasymmetrie zugunsten des Agenten charakterisiert ist.[9] Die Führungskraft beeinflusst das Verhalten der Mitarbeiter durch Kontrollinstrumente und Anreizstrukturen,[10] wodurch die Akzeptanz irrelevant wäre.

Das **soziale Gefüge** stellt den letzten Faktor dar und unterstellt, dass die Führungskraft und die Mitarbeiter innerhalb eines Unternehmens gemeinsame Ziele verfolgen.[11] Nach Weibler werden die Mitarbeiter beeinflusst und müssen durch die Führungskraft so gesteuert werden, damit die gemeinsamen Unternehmensziele erreicht werden. Die Beeinflussung findet nur in eine Richtung statt, und zwar von der Führungskraft zum Mitarbeiter.

Grundsätzlich erfolgt Führung auf zweierlei Weisen: personell oder/und strukturell.[12] Als erstes soll auf die personale Führung eingegangen werden, folglich auf die strukturelle Führung und abschließend auf die Abhängigkeit beider Führungsweisen. Die folgende illustrative Grafik gewährt eino übersichtliche Darstellung der personalen Führung.

---

[7] Vgl. von Rosenstiel (2000), S. 49
[8] Vgl. Weibler (2016), S. 22
[9] Vgl. Leadership Insiders
[10] Vgl. Leadership Insiders
[11] Vgl. Weibler (2016), S. 25
[12] Vgl. Berger (2018), S. 78

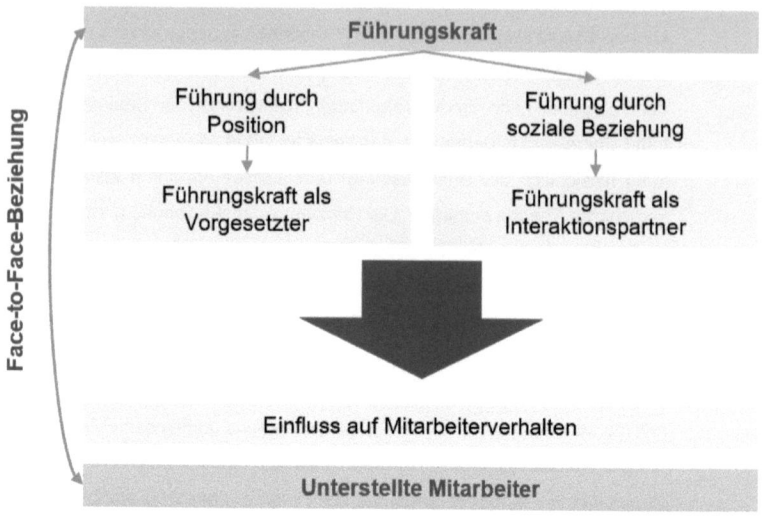

Abbildung 1: Personale Führung

       (Eigene Darstellung; in Anlehnung an Berger (2018), S. 78)

Bei der **personalen Führung**, auch interaktionale oder direkte Führung genannt, wird der Fokus auf die Beziehung zwischen einer Führungskraft und den von der Führungskraft abhängigen Mitarbeitern gelegt.[13] Dabei tritt die Führungskraft direkt und regelmäßig mit dem Mitarbeiter in Kontakt (Face-to-Face-Beziehung), um mit Hilfe des sozialen Einflusses (Macht) unmittelbar Einfluss auf das Mitarbeiterverhalten auszuüben.[14] Ergänzend dazu definieren von Rosenstiel und Nerdinger interaktionale Führung als „zielbezogene Beeinflussung von Unterstellten, durch Vorgesetzte, mithilfe von Kommunikationsmitteln".[15] Ein personaler Führungsstil, bei dem personale Macht ausgeübt wird, ist mitarbeiterorientiert, individuell und lebt durch eine unmittelbare Einwirkung auf den Mitarbeiter.[16] Dadurch fühlen sich die Mitarbeiter verstanden, erhalten Lob vom Vorgesetzten und fühlen sich wertgeschätzt. Aufkommende Probleme werden simpel und

---

[13] Vgl. Berger (2018), S. 78 f.
[14] Vgl. Weibler (2016), S. 117
[15] von Rosenstiel/Nerdinger (2020), S. 22
[16] Vgl. Weibler (2001), S. 117

persönlich geklärt, wovon die zwischenmenschliche Beziehung profitiert. Die zur Verfügung stehenden Kommunikationsmittel können z. B. Mitarbeitergespräche, Telefonate oder E-Mails sein. Auf zwei Instrumente wird im späteren Verlauf dieser Einsendeaufgabe noch genauer eingegangen. Aus Unternehmersicht resultieren zwei entscheidende Fragen: (1) Wer führt erfolgreich und (2) wie führt man erfolgreich. Die erste Fragestellung sollte bereits vorab bei der Personalauswahl bzw. -beförderung stattfinden (Selektionsfrage). Letztere Frage bezieht sich auf die Personalentwicklung und zielt auf das Verhalten ab, welches geschult, trainiert oder weitergebildet werden soll.[17]

Wie aus Abbildung 1 ersichtlich ist, bewegt sich die personale Führung zwischen zwei Polen von Führung: (1) durch die Position und (2) durch soziale Beziehung. Bei der Führung durch eine Position nutzt die Führungskraft seine Position als Vorgesetzter, indem er durch seine positionale Macht mehr oder weniger effektiv dafür sorgt, dass die geforderte Arbeit erledigt wird.[18] Davon unabhängig ist, ob die unterstellten Mitarbeiter freiwillig folgen oder nicht. Die geforderte Leistung von den Mitarbeitern ist geprägt durch Kontrolle, extrinsische Motivation und Einhaltung von Regeln und Formalien. Bei der Führung durch die soziale Beziehung steht die Beziehungsebene zwischen der Führungskraft und der unterstellten Person im Fokus.[19] Die Führungskraft sorgt dafür, dass die Mitarbeiter ihre Arbeit zu ihrem eigenen Anliegen machen. Dadurch sind die Mitarbeiter intrinsisch motiviert und verfolgen die Ziele mit viel Engagement und freiwillig, ohne Zwang. Die Beziehungsebene gibt den Mitarbeitern Orientierung und fordert und fördert sie darin, ihre Arbeit zu leisten und die Ziele zu erreichen. Ein wesentlicher Nachteil besteht bei der reinen personalen Führung in der Ganzheitlichkeit und Vernetzung verschiedener Probleme und Prozesse. Bei individueller Betrachtung der jeweiligen Mitarbeiter können Differenzierungen entstehen, welche zu Ungleichbehandlungen führen können. Aufgrund dessen ist bei diesem Stil auf eine einheitliche Vorgehensweise zu achten.

Gegenüber der personalen Führung markiert die **strukturelle Führung**, auch indirekte Führung genannt, die Verhaltensbeeinflussung der Mitarbeiter ohne direkten Einfluss von einer Person, vielmehr nehmen hier zentrale Instanzen, wie z. B. die Personalabteilung, die maßgebliche Rolle ein, indem sie Strukturen und Bedingungen für die Mitarbeiter festlegen.[20] Strukturelle Führung wird also von Personen initiiert, so dass die

---

[17] Vgl. von Rosenstiel et al. (2020), S. 23
[18] Vgl. Berger (2018), S. 80
[19] Vgl. Berger (2018), S. 81
[20] Vgl. Fallgatter (2020), S. 113

vorgesetzte Person nicht eingreifen muss. Eine auf den Punkt bringende und erweiterte Definition liefert Franken: „Die strukturelle Führung dient auf der Ebene der mittelbaren Verhaltensbeeinflussung und entfaltet ihre Wirkung durch die Gestaltung der Führungskonzepte, Formulierungen und Implementierung von betrieblichen Strategien, die mit zielgerichteten inhaltlichen, prozessualen und strukturellen Regelungen speziell in der Führungs- und Arbeitsorganisation Anreize für Leistungsmotivation bieten."[21] Die Aktivitäten der Angestellten werden durch die festgelegten Strukturen gesteuert und koordiniert.[22] Ein Beispiel aus der Praxis wäre die Arbeit am Fließband. Die Bandmitarbeiter wissen genau, wann welcher Handgriff auszuführen ist, da diese durch Vorschriften geregelt sind. Mitarbeiter schließen bereits bei ihrer Einstellung neben ihrem Arbeitsvertrag einen mehr oder weniger bewussten psychologischen Vertrag ab, der im besten Fall dazu führt, dass sich die Angestellten dem Unternehmen verpflichtet fühlen.[23] Die Strukturen und Bedingungen können das gesundheitsgerechte Verhalten der Mitarbeiter fordern und fördern oder aber auch beeinträchtigen und behindern. Die Führungskraft ist angehalten ihr Handeln auf die vorgegebenen Unternehmensstrukturen anzupassen, wodurch der Handlungsspielraum sehr eingeschränkt wird.[24] Es gibt aber auch Vorgesetzte, die selbst durch ihre aktive Mitwirkung oder aber auch nur durch Duldung Mitgestalter des Unternehmens sind.[25] Ein weiterer Unterschied zur personalen Führung ist bei der strukturellen Führung die Programmierungs- und Vorsteuerungsfunktion, um eine einheitliche Ausrichtung des Unternehmens gewährleisten zu können.[26]

Bei der strukturellen Führung existieren gewisse Medien, über diese die Führungsweise vollzogen wird. Zu den Medien zählen nach Weibler: (1) Technologie, (2) Bürokratie, (3) Differenzierung und (4) Kultur.[27] Zur Technologie gehören neben maschinell geregelten Arbeitsprozessen, auch Zeiterfassungssysteme und vordefinierte Aufträge. Das zweite Medium umfasst Formulare, Regeln oder auch festgelegte Verfahren. Zur Differenzierung zählen die status- und positionsbezogenen Unterscheidungen verschiedener Kategorien, wie z. B. die hierarchische Position. Das letzte Medium bezieht sich auf die Werthaltungen und die daraus resultierenden Handlungsweisen, welche die Prozesse im Unternehmen in der charakteristischen Weise prägen.

---

[21] Franken (2016), S. 175
[22] Vgl. von Rosenstiel/Nerdinger (2020), S. 21
[23] Vgl. Berger (2018), S. 79
[24] Vgl. Berger (2018), S. 81
[25] Vgl. Berger (2018), S. 82
[26] Vgl. Gurt (2013), S. 6 f.
[27] Vgl. Weibler (2001), S. 118 ff.

Folglich werden nun exemplarisch jeweils zwei Führungsinstrumente vorgestellt, welche der personalen bzw. der strukturellen Führung zugeordnet werden.

Personale Instrumente sind Maßnahmen, welche im direkten Kontakt mit dem Mitarbeiter vorgenommen werden.

Voran ist das **Mitarbeitergespräch** zu nennen, da das die unmittelbarste Interaktion zwischen der Führungskraft und dem Mitarbeiter darstellt.[28] Die Gespräche fungieren als Informationsgrundlage für viele personale Entscheidungen. Durch die Führungskraft erlangt der Mitarbeiter ein Urteil über sein Verhalten, Qualifikation, Persönlichkeit und Leistung.[29] Mit diesem direkten Führungsinstrument nimmt die Führungskraft, durch das direkte Gespräch (Face-to-Face), Einfluss auf das Erleben und Verhalten des Mitarbeiters. Grundsätzlich existieren viele verschieden Arten von Mitarbeitergesprächen, die entsprechend ihrem Zweck vom Führenden einzusetzen sind. Überwiegend und klassischerweise werden in den Unternehmen regelmäßig (i. d. R. einmal im Jahr) Zielsetzungs-, Entwicklungs- und Beurteilungsgespräche geführt.[30] Durch die Interaktion der Führungskraft mit dem Mitarbeiter sollen innerbetriebliche Verhältnisse gefestigt bzw. geklärt werden. Solche Gespräche weisen einen Regelcharakter auf, die durch verbindliche Vereinbarungen (z. B. Zielvereinbarung) erzeugt werden und aufzeigen, wie effektiv ein Mitarbeitergespräch geführt wurde.[31] Der Handlungs- und Entscheidungsspielraum sind hinsichtlich der Wirkung einer Vereinbarung bedeutsam. In Anbetracht dessen, dass der Mitarbeiter aktiv ins Gespräch eingebunden wird und jederzeit die Möglichkeit besitzt, auf den Prozess einzuwirken, wird nicht nur die Effektivität sichergestellt, sondern auch die Gesundheit gefördert, da die Interaktion auf Augenhöhe basiert und Respekt und Anerkennung beider Gesprächsteilnehmer stattfindet. Eine Beurteilung kann im Best Case dafür sorgen, dass durch Steigerung der Motivation ein Mitarbeiter langfristig seine Leistung verbessert oder die Entwicklung gepushed wird.[32]

Ein weiteres Instrument der direkten Führung ist **Lob und Anerkennung**. Lob und Anerkennung lassen sich nicht in einen Topf werfen und sind auch keine Synonyme, denn sie haben nicht den gleichen Effekt. Lob ist eine mehr oder weniger spontane Wertschätzung und bezieht sich meist auf eine konkrete Handlung, vergleichbar mit einem gelegentlichen Schulterklopfen.[33] Hingegen ist Anerkennung hierarchieübergreifend und losgelöst von einer konkreten Handlung, denn der Fokus richtet sich hier auf das berufliche

---

[28] Vgl. Becker (2002), S. 362 ff.
[29] Vgl. Steffgen (2022)
[30] Vgl. Wichert
[31] Vgl. Becker (2002), S. 364
[32] Vgl. Steffgen (2022)
[33] Vgl. Mai (2018), S. 114

Gesamtbild, die respektiert und geschätzt wird.[34] Lob und Anerkennung sind wichtige Instrumente zur Verhaltensbeeinflussung eines Mitarbeiters. Beispielsweise erzielt die Führungskraft nach der Aussprache eines Lobs eine Leistungssteigerung beim Mitarbeiter. Dieser fühlt sich durch die Anerkennung oder dem Lob gestärkt, wodurch es unmittelbar zu einer Motivationssteigerung kommt und hier das Verhalten beeinflusst wird, so dass es letztes Endes zur Leistungssteigerung kommt und damit zur Zielerreichung. Lob und Anerkennung werden der personalen Führung zugeordnet, da, wie beim Mitarbeitergespräch auch, eine Face-to-Face Situation vorliegt. Die Führungskraft und der Mitarbeiter kommunizieren direkt miteinander, ohne weitere Einflussquellen. Die Führungskraft erzielt durch die Aussprache eine Verhaltensbeeinflussung des Mitarbeiters, was sich im Endeffekt positiv auf die Zielerreichung auswirkt. Der Mitarbeiter ist zufrieden, motiviert und zielstrebig.

Folglich nun die Vorstellung zweier Instrumente, welcher der strukturellen Führung zugeschrieben werden.

Geltende **informelle und formelle Normen** (Objektivierungen), anhand deren sich die Angestellten orientieren können und auch sollen, stellen ein strukturelles Führungsinstrument dar. Interne Regeln werden durch Leitbilder und Verhaltenskodexe geschaffen, ergeben sich zudem auch aus dem Konsens des Verhaltens im Betrieb und sind relevant, um das Verhalten im Unternehmen zu steuern. Dadurch wird die Komplexität verringert, da die führende Kraft nicht alles überwachen muss und ein einheitliches Handlungsbild bei den Mitarbeitern entsteht. Das Ganze sorgt im Unternehmen für eine schnellere und professionellere Produktion.[35]

Das nächste und letzte Instrument der strukturellen Führung ist das **Medium**. Führungskräfte nutzen gewisse Kommunikations- oder Einwirkungskanäle, um Veränderungen im Unternehmen herbeizuführen. Vor allem zählen hierzu technisch vorab festgelegte Arbeitsprozesse, bürokratische Formeln und Abläufe, kultur- und wertbezogene Regeln, sowie differenzierte Unterscheidungen von Personen und Aufgaben, z. B. in Arbeitsflussdiagrammen oder Organigrammen. Diese Medien sind die Grundlage für die strukturelle Führung und sollen von den Führungskräften eindeutig und mit Sorgfalt gesteuert werden.[36] Wird das für den Zeitpunkt und Anlass korrekt gewählte Medium ausgewählt, so ist es eines der gezieltesten strukturellen Führungsinstrumente, denn es werden

---

[34] Vgl. Mai (2018), S. 114
[35] Vgl. Neuberger (2002), S. 39 ff.
[36] Vgl. Weibler (2001), S. 118

Abläufe klar geregelt, wodurch ein autonomes Konstrukt entstehen kann, in diesem Mitarbeiter so handeln, wie es vom Unternehmen gewünscht ist.

Personale und strukturelle Führung lassen in der Theorie eine Unterteilung von Führungsverhalten zu, jedoch können sie in der Praxis selten klar gemessen werden. Fakt ist, dass die strukturelle Führung den Bedarf an der personalen Führung durch Standardisierung reduziert. Das Unternehmen hat bereits Rahmenbedingungen geschaffen, die Führungskräfte ergänzen diese lediglich. Jede einzelne Führungskraft ist individuell und agiert anhand seiner persönlichen und organisationalen Werte. Eine erfolgreiche Führung braucht beide Aspekte, sodass beide Führungsarten sich in gewisser Weise gegenseitig bedingen und in der Praxis miteinander kombiniert werden. Deshalb stellt sich an dieser Stelle die Frage, was Erfolg für eine Führungskraft bedeutet. Grundsätzlich lässt sich Erfolg subjektiv bewerten und kann nicht immer zurückverfolgt oder belegt werden. Im betrieblichen Kontext zählt in erster Linie der Unternehmenserfolg, welcher sich anhand von Umsatzkennzahlen ablesen lässt, als messbarer Faktor. Dennoch ist zu erwähnen, dass der Bestand und die Wettbewerbsfähigkeit des Unternehmens durch viele unscheinbare Eigenschaften, wie z. B. Personalbindung oder Arbeitgeberattraktivität, beeinflusst werden. Entscheidend über den Erfolg der Führungskraft ist das Abdecken persönlicher als auch struktureller Aspekte, um möglichst viele Bedürfnisse der Mitarbeiter zu befriedigen. Zu berücksichtigen sind voran die Interessen der Geschäftsführung bzw. des Unternehmens, wie auch die der Führungskraft selbst und die der Mitarbeiter.[37] Rekapitulierend sollte die Führungskraft die Vorteile beider Führungsweisen kennen und nutzen.

---

[37] Vgl. Lippe (2015), S. 6 f.

Textteil zu Aufgabe C2

Entscheidungen treffen, Mitarbeiter und anstehende Aufgaben zu koordinieren und Verantwortung übernehmen sind wesentliche Aufgaben, welche im Mittelpunkt einer Führungskraft stehen. Führungskräfte haben für einen reibungslosen Ablauf im Unternehmen Sorge zu tragen, so dass der Wertschöpfungsprozess ohne Konflikte fortlaufend bestehen kann.[38] Dabei kommen sie oftmals an einen Punkt, an dem sie, meist unter Zeitdruck oder ins Ungewisse, zwischen mindestens zwei Alternativen abwiegen müssen und sich entscheiden müssen. Um eine Entscheidung zu treffen, muss die Führungskraft eine Gewichtung der Handlungsalternativen vornehmen und Prioritäten setzten. Wichtig dabei ist auch, dass die Entscheidungen stets so getroffen werden, dass die Mitarbeiter bereit wären, diese zu akzeptieren und auch zu befolgen.[39] Problematisch wird es allerdings, wenn alle Handlungsalternativen im Interesse des Entscheiders liegen oder sich aber auch gegenseitig ausschließen. Diese Fälle stellen ein Dilemma dar.

Definiert wird der Begriff Dilemma als eine Situation, in der eine Person sich „…zwischen zwei in gleicher Weise schwierigen oder unangenehmen Dingen wählen soll oder muss."[40] Durch die Wahl einer Alternative löst sich das bestehende Dilemma auf.[41] Eine getroffene Entscheidung bringt immer Vor- und Nachteile mit sich und werden daher vorab von der jeweiligen Führungskraft genau abgewogen. Jedoch muss bedacht werden, dass zum Zeitpunkt der Entscheidungsfindung nicht alle Einflussfaktoren offen liegen und somit von der Führungskraft ins Ungewisse entschieden wird. Es gibt feste Faktoren, die sich vom Entscheider nicht beeinflussen lassen oder die schlecht vorhersehbar sind. Um eine Entscheidung zu treffen, könnte die Literatur eine Stütze sein. Folgend nun vier Punkte nach Weibler, die bei der Entscheidungsfindung (beeinflussbare Faktoren) unterstützend wirken können und zu berücksichtigen sind.[42]

(1) Motivation: Hier ist die Frage, inwiefern sich der Entscheider überhaupt auf die Entscheidung festlegen möchte, und wie entschlossen er dazu ist. Kann die Entscheidungsfähigkeit gezeigt und somit selbstwirksam behandelt werden?

---

[38] Vgl. Lippe (2015), S. 46 ff.
[39] Vgl. Raitner (2015)
[40] Duden
[41] Vgl. Neuberger (2002), S. 337
[42] Vgl. Weibler (2001), S 31 f.

(2) Fähigkeit: Der Führungskraft muss bewusst sein, dass sie sich in einer Entscheidungssituation befindet. Die Entscheidungsfähigkeit zeigt dabei, ob die Führungskraft eine Entscheidung herbeiführen kann.

(3) (soziale) Dürfen: Das (soziale) Dürfen liegt vor, wenn bei den Führungskraft keine ethischen oder moralischen Bedenken hinsichtlich der Wahl bestehen. Relevant ist ebenfalls, ob der Entscheider das Befugnis auf hierarchischer und delegativer Ebene besitzt, um überhaupt die Entscheidung treffen zu dürfen und ob er für mögliche Konsequenzen Rückhalt besitzt. Bei der Entscheidung sollte bedacht werden, welche mögliche Auswirkungen sich in Zukunft ergeben würden.

(4) situative Möglichkeit: Hierunter fallen Punkte, welche nicht im Entscheidungsbereich des Entscheiders oder im tatsächlichen Umfang der Entscheidungssituation selbst liegen. Beispielsweise soll eine betriebliche Entscheidung getroffen werden, für diese über ein internes Netzwerk Befehle gegeben werden müssen, so kann der Entscheider dies nicht in seiner Freizeit oder an einem beliebigen Ort tun.

Es zeigt sich, dass eine Entscheidung rapide erschwert werden kann und diese fast unmöglich macht. Eine Entscheidung ist mit Bedacht zu treffen, denn jede Wahl bringt Konsequenzen mit sich, welche vorab teilweise schwer abzuschätzen sind. Zudem haben Entscheidungen eine gewisse Tragweite und wirken sich auf einen oder mehrere Mitarbeiter, sowie auch auf die Führungskraft selbst, aus. Aufgrund dessen kommt es bei bestimmten Entscheidungssituationen immer wieder zu Dilemmata.

An dieser Stelle werden nun -unter Rückgriff auf den ersten Textteil dieser Arbeit Dilemmata aufgezeigt, welche sich in der Praxis zwischen personaler und struktureller Führung ergeben. Becker betitelt 13 solcher Dilemmata, aus denen es keinen eindeutigen und gesicherten Ausweg gibt.[43]

---

[43] Vgl. Becker (2002), S. 152 f.

Rollendilemmata

Mittel	Zweck
Gleichbehandlung	Eingehen auf Einzelfälle
Distanz	Nähe
Fremdbestimmung	Selbstbestimmung
Spezialisierung	Generalisierung
Gesamtverantwortung	Einzelverantwortung
Bewahrung	Veränderung
Konkurrenz	Kooperation
Aktivierung	Zurückhaltung
Innenorientierung	Außenorientierung
Zielorientierung	Verfahrensorientierung
Belohnungsorientierung	Wertorientierung
Selbstorientierung	Gruppenorientierung

Abbildung 2: Übersicht Rollendilemmata

(Eigene Darstellung; in Anlehnung an Becker (2002), S. 152 f.)

Hiervon werden exemplarisch zwei Dilemmata aufgegriffen und jeweils mit drei Praxisfällen vertieft. Es soll dargestellt werden, in welch schwierigen Entscheidungssituationen die Führungskräfte im täglichen Umgang mit ihren Mitarbeitern stehen.

(1) Distanz vs. Nähe: Welche persönliche Nähe darf eine Führungskraft zu den ihr unterstellten Mitarbeitern zulassen, ohne den Respekt zu verlieren? Wie wird die Vertrauensbasis zwischen Mitarbeiter und Führungskraft aufgebaut, wenn die Führungskraft dabei immer auf sachlicher Ebene mit den Mitarbeitern umgeht? Prinzipiell stehen einer Führungskraft zwei extreme Ausprägungen gegenüber, zwischen denen sie sich bewegen kann. Auf der einen Seite steht die persönliche Nähe, welche ein angenehmes, vertrauensvolles Arbeitsklima untereinander schafft. Unter diesen Umständen können Mitarbeiter zu evtl. freiwilligen Höchstleistungen angespornt werden. Durch Nähe zu den Mitarbeitern kann die Führungskraft sie einschätzen und gezielt fördern. Andererseits sollte die Atmosphäre nicht allzu kumpelhaft sein, denn dadurch wird es schwieriger sich als Führungskraft durchzusetzen. Nicht alle Mitarbeiter erstreben ein solches Verhältnis zu seinem Vorgesetzten und wollen eine gewisse Distanz bewahren. Natürlich kommt es hier auch auf den Mensch als Individuum an, denn jeder hat einen ganz eigenen

Charakter.[44] Es gibt einerseits die Sozial-Menschen, denen Harmonie, Geborgenheit oder menschlicher Kontakt sehr wichtig sind. Andererseits gibt es Menschen, bei denen Unabhängigkeit, Individualität oder Sachlichkeit im Vordergrund stehen. Ziel sollte es sein, eine Balance zwischen persönlicher Nähe und Distanz zu schaffen,[45] was in der Praxis oft nicht einfach ist. Die Führungskraft steht hier an einem Dilemma, denn sie muss sich entscheiden, wie sie seinen Mitarbeitern gegenüberstehen möchte. Ungleichheit der beiden Ausprägungen Nähe und Distanz führen zu einigen Nachteilen. Beispielsweise kann es bei zu viel Nähe dazu führen, dass die Führungskraft aufgrund emotionaler Befangenheit schlechtere Entscheidungen trifft oder Ressourcen, die durch den zeitlichen Aufwand, welcher durch die Interaktion verwendet wird, ineffektiver genutzt werden.[46] Bei zu viel Distanz ergibt sich eine emotionale Trennung zwischen dem Mitarbeiter und der Führungskraft. Führungskräfte können zudem Schwierigkeiten haben, die eigenen Mitarbeiter zu motivieren und zu unterstützen.[47] Es fehlt an Kommunikation und dies kann zu Missverständnissen führen.

Es folgen nun an dieser Stelle drei Praxisfälle, mit deren Hilfe des Weiteren aufgezeigt werden soll, welche möglichen Konsequenzen sich aus dem Dilemmata für die Gesundheit der Mitarbeiter ergeben könnten. Studien ergaben, dass sich das Führungsverhalten auf die Gesundheit der Mitarbeiter auswirkt.[48] Demnach kann durch einen gesunden Führungsstil die Gesundheit der Mitarbeiter zusätzlich um 14% verbessert werden, sowie zu einer steigenden Arbeitszufriedenheit führen.[49]

Praxisfall (1): Die Führungskraft Herr Müller ist im folgenden Beispiel eine Person, mit dieser die Mitarbeiter schwer warm werden. Herr Müller gibt Anweisungen und ist gegenüber seinen Mitarbeitern immer sehr reserviert und unnahbar. Für ihn zählen Daten und Fakten, Gefühle zeigt er keine. Im Gegensatz zu seinen Mitarbeitern, denen Harmonie und Kontakt wichtig sind. Hier ist der Fall, dass eine absolute Ungleichheit vorherrscht und die Distanz die ausgeprägtere Komponente darstellt. Die Distanz zu den Mitarbeitern sorgt dafür, dass die Mitarbeiter ebenfalls eine innere Ablehnung entwickeln, und vermehrt auf Abstand gehen.[50] Höchstwahrscheinlich lässt dies die Zufriedenheit der Angestellten verringern, da diese sich mehr Nähe und ein besseres

---

[44] Vgl. Lysk (2020)
[45] Vgl. Schweiger (2021)
[46] Vgl. Schweiger (2021)
[47] Vgl. Schweiger (2021)
[48] Vgl. Häfner et al. (2019), S. 18
[49] Vgl. Frank (2022)
[50] Vgl. Richter (1985), S. 252

Verhältnis zur Führungskraft wünschen. Mitarbeiter fühlen sich nicht wertgeschätzt, denn für Herr Müller zählen nur Daten und Fakten. Studien ergaben einen Zusammenhang zwischen der Zufriedenheit am Arbeitspatz und der Gesundheit.[51] So kann es durch die Unzufriedenheit dazu führen, dass die Mitarbeiter krank werden und die Fehlzeiten im Team ansteigen. Herr Müller kann durch die fehlende Nähe zu seinem Team die Mitarbeiter nicht weiter motivieren oder unterstützen.

Praxisfall (2): Die Führungskraft hier ist das Gegenteil vom bereits aufgezeigten ersten Praxisteil. Sie ist eine Person, die gerne zu den Mitarbeitern Kontakt sucht und viele private Themen erfragt. Einmal im Quartal findet eine Kneipentour statt. Die Einstellung der Mitarbeiter im Team ist durchwachsen. Der größte Teil des Teams besteht aber aus Menschen, die ihr Privat- und Berufsleben trennen. Diese Mitarbeiter fühlen sich im inneren unter Druck gesetzt und teilen nur aus Nettigkeit und Zwang private Themen, ohne es aber zu wollen. Vielen Kollegen ist die Beziehung zur Führungskraft viel zu intensiv. Durch den inneren Druck, der sich aufbaut, fühlen sich die Mitarbeiter unwohl und unzufrieden, sie scheuen Gespräche mit dem Vorgesetzten, wodurch das Verhältnis leidet. Durch die kumpelhafte Beziehung kann es zum Autoritätsverlust der Führungskraft kommen. Die Unzufriedenheit der Mitarbeiter führt dazu, dass Mitarbeiter krank werden und die Gesundheit im Negativen beeinträchtigt wird. Hierunter fallen Herz-Kreislauf-Erkrankungen oder auch Burnout.

Praxisbeispiel (3): Die Führungskraft balanciert Nähe und Distanz, nimmt speziell hierzu an Schulungen teil und reflektiert sich stets selbst. Die Mitarbeiter des unterstellten Teams sind vor allem Sozial-Menschen. Durch das ausbalancierte Verhältnis wissen die Mitarbeiter, dass sie jederzeit mit Problemen zu ihrem Vorgesetzten kommen können. Die Mitarbeiter scheuen sich nicht Probleme offen anzusprechen, bewahren aber dennoch den Respekt. Sie sind zufriedene Mitarbeiter und kommen gerne zur Arbeit. Die Zufriedenheit wirkt sich positiv auf das Wohlbefinden und die Gesundheit aus. Mitarbeiter werden seltener krank und tragen positiv auf ihre Leistung bei. Sie sind motiviert und freuen sich zur Arbeit zu gehen.

Aufgegriffen wird nun noch ein zweites Dilemma, und zwar das zwischen der Gesamt- und Einzelverantwortung.

(2) Gesamt- und Einzelverantwortung: Jede Führungskraft steht im Laufe seiner Karriere vor folgenden Fragen: Delegiere ich die Verantwortung an einzelne Mitarbeiter oder

---

[51] Vgl. Deutsche ApothekerZeitung

erledige ich die Aufgaben selbst? Wie viel delegiere ich weiter? Wenn weiterdelegiert wird, wie erhalte ich die Kontrolle darüber?

Das Delegieren ist ein machtvolles und wichtiges Führungsinstrument, um sich als Führungskraft wieder mehr Zeit für die Bearbeitung der Kernaufgaben zu verschaffen.[52] Dennoch gibt es diejenigen, die aus Zeitmangel, aus Angst vor dem Kontroll- und Machtverlust oder aus extremem Pflichtbewusstsein nicht an Mitarbeiter weiterdelegieren. Doch die Delegation an Mitarbeiter sollte unbedingt genutzt werden, nicht nur um als Führungskraft wieder Zeit für wichtige Aufgaben zu erlangen, sondern auch zur Personalförderung, -entwicklung und -motivation.[53] Durch die Weitergabe der Aufgaben wird dem Angestellten Vertrauen vermittelt und die Chance, sich persönlich, wie auch fachlich zu entwickeln. Daraus ergibt sich eine Arbeitszufriedenheit, sowie ein gesteigertes Selbstwertgefühl und eine wachsende Leistungsmotivation.[54] Generell ist zu beachten, dass nicht alle Aufgaben weiterdelegiert werden können, sondern nur solche, welche keine Führungsaufgaben anbelangen und nicht Aufgaben, welche die Führungskraft als Person ausschlaggebend ist.[55] Besonders eignen sich Sachaufgaben, bei denen die Fachkompetenz durch einen Mitarbeiter abgedeckt werden kann, oder auch Routineaufgaben. Sind die Aufgaben nun sortiert und es ist entschieden, welche delegiert werden, so folgt nun die Auswahl eines geeigneten Mitarbeiters. Hier ist zu bedenken, welche Fähigkeiten der Mitarbeiter mit sich bringen muss, um die Aufgabe erfolgreich umzusetzen. Dazu müssen jedoch die Stärken und Schwächen der Mitarbeiter bekannt sein. Grundsätzlich benötigt der Mitarbeiter ein entsprechendes Know-How, die notwendigen Ressourcen, die Motivation zur Umsetzung, sowie das Ziel der Aufgabe.[56] Bei der Übergabe der Aufgabe sollte der Mitarbeiter zusätzlich motiviert werden, in dem er zu verstehen bekommt, warum gerade er für die Aufgabe ausgewählt wurde.[57] Motivatoren könnten hier seine soziale oder seine Fachkompetenz sein, aber auch die strukturierte Arbeitsweise oder die Kreativität. Besonders wichtig ist, dass die Aufgabe klar kommuniziert wird, um Missverständnisse zu vermeiden. Die Führungskraft muss sicherstellen, dass das Ziel vom Mitarbeiter verstanden wird, denn nur so ist die Basis für die Umsetzung geschaffen. Dem Mitarbeiter sollte bei der Bewältigung der Aufgabe Freiheit gelassen werden, Entscheidungen selbst zu treffen. Es können an dieser Stelle, falls gewünscht und notwendig, lediglich Vorschläge gemacht werden. Eine permanente Kontrolle wäre

---

[52] Vgl. CareerBuilder (2020)
[53] Vgl. Schwerdtfeger (2021)
[54] Vgl. Schwerdtfeger (2021)
[55] Vgl. CareerBuilder (2020)
[56] Vgl. Schwerdtfeger (2021)
[57] Vgl. CareerBuilder (2020)

kontraproduktiv und würde zu Verunsicherung und Demotivation führen. Um dennoch den Überblick zu behalten, empfiehlt es sich zu Beginn Etappenziele und Zwischengespräche festzulegen.

Es folgen nun an dieser Stelle drei Praxisfälle, mit deren Hilfe des Weiteren aufgezeigt werden soll, welche möglichen Konsequenzen sich aus dem Dilemmata für die Gesundheit der Mitarbeiter ergeben könnten.

Praxisbeispiel (1): Herr Müller ist der neue Vorgesetzte von Herr Bernd und delegiert viele Aufgaben an ihn weiter. Grundsätzlich sind es Aufgaben, welche die Fachkompetenz von Herrn Bernd übersteigen. Da Herr Müller erst seit kurzem im Team ist, kennt er die Mitarbeiter noch nicht sonderlich gut und ist oftmals für die Mitarbeiter nicht anzutreffen, da er sich noch in der Einarbeitung befindet. Herrn Bernd sind die übertragenen Aufgaben und Verantwortungen zu viel. Da der neue Vorgesetzte kaum zu erreichen ist und die Übertragung der Aufgaben oftmals zwischen Tür und Angel stattfinden, ist er in jeglicher Hinsicht überfordert. Es scheint ihm, als würde die neue Führungskraft ihm all seine Aufgaben weitergeben ohne Rückfragen der Umsetzungsmöglichkeit. Herr Bernd ist gestresst und gerät zunehmend in Zeitdruck. Dadurch steigt die Unzufriedenheit und Herrn Bernd wird auf Dauer dem Stress und dem Druck nicht standhalten können und wird krank oder verlässt das Unternehmen. Herr Müller wird angeraten, zunächst die Schwächen und Stärken der Mitarbeiter zu identifizieren und gemeinsam mit dem Mitarbeiter eine saubere und verständliche Übergabe umzusetzen. Zudem sollten die Qualifikationen der Mitarbeiter zu den Voraussetzungen der Aufgabe passen.

Praxisbeispiel (2): Herr Heinrich ist seit Jahren Führungskraft und delegiert nur wenige Aufgaben an seine Mitarbeiter. Er ist der Meinung, dass nur er die Aufgaben sauber bewältigen kann. Dies kommuniziert er offen an sein Team. Herr Harry ist eines der Teammitglieder und steht am Anfang seiner Karrierelaufbahn. Er würde sich gerne weiterentwickeln und ärgert sich über das mangelnde Vertrauen seines Vorgesetzten. Er würde ihm gern beweisen, dass auch er die Aufgaben sauber umsetzten kann. Auch in diesem Beispiel steigt die Unzufriedenheit des Arbeiters, denn er wird nicht wertgeschätzt und vor allem zweifelt die Führungskraft an seinen Fähigkeiten und Stärken. Herr Heinrich gibt dem Mitarbeiter keine Chance sich weiterzuentwickeln und motiviert ihn nicht. Eine andauernde Unzufriedenheit beeinträchtigt nicht nur die Leistung im Negativen, sondern hat negative physische und psychische Auswirkungen. Die Auswirkungen können zu Boreout (Anmerkung: Bureout könnte in diesem Beispiel zutreffen, da durch die Unterforderung und Langeweile von Herrn Harry dieses Krankheit ausgelöst werden kann) oder zu Burnout führen.

Praxisbeispiel (3): Herr Meier ist seit 10 Jahren als Führungskraft tätig und kennt im Team jede Stärke und Schwäche. Er hat seine Aufgaben säuberlich aufgelistet und anhand der Fähigkeiten im Team die Aufgaben an die entsprechenden Mitarbeiter delegiert. Herr Sauber ist einer dieser Mitarbeiter. Herr Meier und Herr Sauber haben Regeltermine, bei denen der Stand des Projektes vorgetragen wird. Zudem hat er bei Beginn eine umfängliche und klar kommunizierte Einweisung erhalten. Er findet es super, dass ihm sein Vorgesetzter so viel vertrauen schenkt und ist hochmotiviert, die Aufgaben umzusetzen. Durch die regelmäßigen Termine, bei dem Herr Sauber über den aktuellen Projektstand den Vorgesetzten informiert, bekommt er somit eine regelmäßige Sicherheit. Auch die Führungskraft profitiert von den regelmäßigen Backups, denn dadurch haben sie eine gewisse Kontrolle und Übersicht. Herr Sauber blüht vollkommen auf, da ihm die Freiheit bei der Aufgabenbearbeitung sehr wichtig ist. Dennoch weiß er, dass er bei Problemen jederzeit zu seinem Vorgesetzten gehen kann. Die Motivation und die Zufriedenheit sind auf einem hohen Niveau. Der Mitarbeiter fühlt sich Wert geschätzt und genießt das Vertrauen, welches er vom Vorgesetzen erhält. Herr Sauber geht gerne zur Arbeit und ist aufgrund der Umstände nur selten krank.

Textteil zu Aufgabe C3

„Der Erfolg eines Unternehmens steht und fällt mit seinen Mitarbeiterinnen und Mitarbeitern."[58] Im Vordergrund steht dabei nicht das Gehalt, sondern vor allem die Mitarbeitermotivation, welche sich maßgeblich auf den Erfolg eines Unternehmens auswirkt.[59] Nur motivierte Mitarbeiter bringen sich gerne mit ihrer gesamten Energie im Unternehmen mit ein, sind zufrieden und tragen positiv zur Wertschöpfung bei und dem damit verbundenen Erfolg.

Führungskräfte können die Motivation der Mitarbeiter durch ihren Führungsstil beeinflussen. Einen Ansatz hierfür bietet die transaktionale und die transformale Führung, welche folgend vorgestellt wird und im Nachgang voneinander abgegrenzt wird.

Die **transaktionale Führung** zeichnet sich durch eine leistungsorientierte Belohnung aus. Das bedeutet, dass die Führungskraft klare Ziele und Erwartungen vorgibt und beim Erreichen der Ziele kontingente Belohnungen in Aussicht stellt.[60] Unter kontingent versteht sich, dass der Mitarbeiter bei Erreichung des Ziels belohnt wird.[61] Dieser Führungsstil wird klassischerweise eher in Unternehmen angewendet als der transformale Stil.[62] Es besteht ein fairer Austausch zwischen dem Führenden und dem Geführten – Die Arbeitsleistung, welche aktiv zum Wertschöpfungsprozess beiträgt, wird getauscht gegen eine Belohnung in Form von Geld. Die Führungskraft muss klar kommunizieren, welches Verhalten und welche Ziele zur gewünschten Belohnung führen. Neben dem Festlegen der Ziele sollten weiterhin klar definiert werden, welche Abweichungen vom Ziel toleriert werden (Festlegen von Toleranzgrenzen).[63] Bedeutend für den Erfolg der transaktionalen Führung ist das Bewusstsein beider Beteiligten über die Ressourcen und der Machtposition des anderen.[64]

Die Umsetzung der transaktionalen Führung erfolgt durch das Managemant by Exception (Abk.: MbE). Mitarbeiter handeln eigenständig und eigenverantwortlich, wobei das Verhalten aktiv durch den Vorgesetzten kontrolliert wird.[65] Prinzipiell verhält sich jedoch

---

[58] Gensrich (2019)
[59] Vgl. Gernsrich (2019)
[60] Vgl. WPGS
[61] Vgl. Grote (2012), S. 33
[62] Vgl. WPGS
[63] Vgl. studyflix
[64] Vgl. Neuberger (2002), S. 196
[65] Vgl. studyflix

die Führungskraft zurückhaltend und greift nur in Ausnahmefällen, wie z. B. bei größeren Fehlern oder Änderungen des Vorgehens, ein.

Nun kurz zu den Vor- und Nachteilen dieses Führungsstils: Ein Vorteil ist die transparente und offene Kommunikation. Mitarbeiter wissen dadurch genau, was von ihnen verlangt und gefordert wird.[66] Durch klare Regeln und Ziele kommt es bei Mitarbeitern zu einer Handlungssicherheit, das vor allem bei Routinetätigkeiten sinnvoll sein kann.[67] Der Führungsstil weist auch einige Defizite auf, denn durch den kaum vorhandenen Handlungsspielraum verringern sich Innovationen und Kreativität.[68] Ein weiterer großer Nachteil ist die reine extrinsische Motivation.[69] Die Mitarbeiter werden lediglich durch einen Anreiz motiviert, wodurch die Gefahr groß ist, dass Mitarbeiter abwandern zu anderen Unternehmen, welche ihnen z. B. mehr Geld bieten. Extrinsische Motivation sorgt außerdem dafür, dass Mitarbeiter emotional abstumpfen können, da sie sich daran gewöhnen Belohnungen zu bekommen. Gerade in der heutigen Zeit ist dieser Führungsstil nicht mehr zeitgemäß. Bei der jüngeren Generation stehen andere Motivatoren als Geld an vorderster Stelle und somit können diese nicht extrinsisch gelockt werden.[70] Ein bedenkenswerter Nachteil bezieht sich auf die Zielerreichung, bei diesem der Weg zur Erreichung nicht beachtet wird.[71] Die Führungskraft weiß somit nicht, ob der Mitarbeiter mit den Aufgaben klarkommt, es sei denn, sie wird darüber informiert. Dabei kann es zu gesundheitlichen Beeinträchtigungen der Mitarbeiter kommen, z. B. Über- oder Unterforderung. Mitarbeiter mit Ziel können bei Überforderung viel Stress haben, fehlen häufig wegen Krankheit oder neigen zu Aggressivität.

Ein erweiterter Ansatz bietet die **transformale Führung,** denn diese strebt anstelle von äußeren Anreizen die innere Verbundenheit zum Unternehmen und deren Ziele an. Im Mittelpunkt steht die Veränderung der Mitarbeiter, die das Wohl des Unternehmens über ihre eigenen Interessen stellen.[72] Individuelle Bedürfnisse des Mitarbeiters rücken mehr in den Vordergrund und es entsteht eine gegenseitige Unterstützung hinsichtlich der Zielerreichung.[73] Charakterisieren lässt sich die transformale Führung anhand der folgenden vier Komponenten:

---

[66] Vgl. WPGS
[67] Vgl. Dr. Fritz Führungskreise (2016)
[68] Vgl. Hauber
[69] Vgl. Hauber
[70] Vgl. Leadership lernen
[71] Vgl. Leadership lernen
[72] Vgl. Grote (2012), S. 31
[73] Vgl. Weibler (2001), S. 333

(1) Idealized Influence (Idealisierter Einfluss): Die Führungskraft übt ihren Einfluss durch Vorbildlichkeit und Glaubwürdigkeit aus, das wiederum vertrauen zwischen Führungskraft und Mitarbeiter schafft. Der Vorgesetzte geht als charismatisches Vorbild voran und lebt die vom Unternehmen gewünschten Werte vor. Vertrauen schafft eine unsichtbare Bindung zwischen Mitarbeiter und Führungskraft, wodurch eine emotionale Bindung und Identifikation mit dem Vorgesetzten erzielt wird.[74]

(2) Inspirational Motivation (Inspirierende Motivation): Durch die Schaffung von emotional attraktiven Visionen sollen die Angestellten begeistert und überzeugt werden.[75] Die Arbeit der Mitarbeiter erhält Bedeutung und die intrinsische Motivation steigt.

(3) Intellectual Stimulation (Intellektuelle Stimulation): Die Mitarbeiter sollen zur Kreativität und ihrem unabhängigen Denken und Handeln ermutigt werden. Bestehende Prozesse und Abläufe werden daher stetig hinterfragt.[76]

(4) Individual Consideration (Individuelle Berücksichtigung): Der Vorgesetzte versucht auf die persönlichen Bedürfnisse des einzelnen Mitarbeiters einzugehen. Somit ist eine gezielte und individuelle Förderung eines Mitarbeiters möglich.[77]

Ein großer Vorteil der transformalen Führung besteht darin, dass durch die bereits aufgeführten vier Charakteristiken die Motivation der Geführten tiefgreifend verändert werden kann und eine intrinsische Motivation entsteht.[78] Die Mitarbeiter folgen freiwillig, weil sie es wollen und nicht, wie bei der extrinsischen Motivation, weil sie es müssen. Der Führungsstil eignet sich vor allem für komplexe Aufgabengebiete, bei denen starre Regeln und Strukturen störend wären.[79] Ein Nachteil ist die Komplexität des Führungsstils, aufgrund dessen sie nicht für jede Tätigkeit, wie z. B. Routinetätigkeiten, geeignet ist.[80] Eine weitere Herausforderung ist der Faktor Zeit. Führungskräfte kümmern sich hauptsächlich um ihre Aufgaben und sind stark ins operative Geschäft eingebunden. Je mehr sie deshalb eingebunden sind, desto schwieriger wird es mit diesem Führungsstil.[81] Durch den Individuellen Charakter des Führungsstils wird es hinsichtlich der transparenten Gleichbehandlung schwierig. „Auch die Balance aus Mitarbeiterorientierung und Aufgabenorientierung zu finden, ist nicht einfach."[82] Die transformale Führung ist anspruchsvoll und muss von vielen Führungskräften erlernt werden. Wichtig ist dabei die

---

[74] Vgl. WPGS
[75] Vgl. WPGS
[76] Vgl. WPGS
[77] Vgl. WPGS
[78] Vgl. Hauber
[79] Vgl. WPGS
[80] Vgl. WPGS
[81] Vgl. Lettmann (2022)
[82] Lettmann (2022)

Vermittlung von Menschenkenntnis, Charisma und viele weitere relevante Fähigkeiten, die ein Vorgesetzter bei der Ausführung besitzen muss.

Grundsätzlich lässt sich die Aussage treffen, dass in Sachen Gesundheitsförderung die transformale Führung der transaktionalen Führung überlegen ist. Warum das so ist, wird nun genauer erläutert.

Wie bereits aufgezeigt, wird bei der transformalen Führung ganz individuell auf den einzelnen Mitarbeiter eingegangen und soll im Endeffekt intrinsisch motivieren. Im Gegensatz dazu erzeugt die transaktionale Führung extrinsische Motivation. Den Führungskräften ist der Weg zur Zielerreichung irrelevant. Mitarbeiter sind somit einem ständigen Druck ausgesetzt und unterliegen dauerhaften Stresssituationen, denn sie wollen zwingend ihr gesetztes Ziel und den damit verbundenen Anreiz erzielen. Durch einen stetigen Stress im Berufsalltag kann die Lebensqualität gemindert werden und sogar krank machen.[83] Zu den Krankheiten zählen z. B. Herz-Kreislauf-Erkrankungen, Burnout oder Depressionen. Auch hinsichtlich der intrinsischen und extrinsischen Motivation spielt die Gesundheit ein maßgeblicher Faktor. Grundsätzlich ist die intrinsische Motivation die bessere Variante, da der Mitarbeiter von sich aus motiviert ist, wodurch die Steigerung der Zufriedenheit erreicht wird, zudem ein größeres Engagement besteht und bessere Leistung erbringt.[84] Im Gegensatz führt die extrinsische Motivation zu Unzufriedenheit und emotionaler Abstumpfung. Unzufriedenheit im Job beeinflusst die Gesundheit im negativen Sinne. Auch hier sind mögliche Folgen psychische Erkrankungen, wie Burnout oder Angststörungen, zu nennen. Letzten Endes kann rekapitulierend festgehalten werden: Führungskräfte sollten die Mitarbeiter tendenziell transformal führen. Natürlich ist dies in einigen Bereichen, gerade bei Routinetätigkeiten, aufgrund des Umfangs eher ungeeignet. Eventuell eignet sich aber auch eine Mischung aus beiden Führungsstilen. Denn die Vorteile der transformalen Führung ist durchaus zu nutzen. Laut einer Studie sind zufriedene Mitarbeiter gesünder und tragen positiv zum Unternehmenserfolg bei, womit alle beteiligten Parteien profitieren.[85]

Es folgt zur Veranschaulichung ein Praxisbeispiel zur transaktionalen Führung. Herr Müller arbeitet bei Amazon (täglich von 8:00 Uhr bis 16:00 Uhr) als Produktionsmitarbeiter und erhält die Vorgabe 70 Artikel versandfertig zu verpacken. Verpackt er mehr als 70 Artikel, so erhält er pro weiterer verpackten Artikel 20 EUR zu seinem Grundgehalt dazu.

---

[83] Vgl. AOK (2020)
[84] Vgl. Warkentin (2021)
[85] Vgl. Deutsche ApothekerZeitung

Da er finanziell das Geld dringend benötigt, arbeitet er mit Hochdruck an der Zielerreichung, denn er will natürlich auch keine Kritik erhalten, wenn er weniger Leistung erbringt, da er auf seinen Job angewiesen ist. Gesundheitlich ist hier der transaktionale
Führungsansatz kritisch zu betrachten. Durch den ständigen Druck, den Herr Müller hat
und mit dem Hintergrund der finanziellen Notwendigkeit, kann es dazu führen, dass der
Mitarbeiter krank wird und längerfristig ausfällt. Er kann unter Erschöpfung leiden oder
psychisch krank werden, da ein enormer Druck und Stress auf ihm lastet. Die Motivation
erfolgt hier nur auf extrinsischer Basis, welche durch Unzufriedenheit und Frust geprägt
ist. Das Unternehmen bzw. die Führungskraft müsste hier über einen anderen Ansatz
nachdenken, um für das Wohlergehen und für die Gesundheit seiner Mitarbeiter zu sorgen und langfristig von ihnen profitieren zu können.

Literaturverzeichnis

AOK (2020), Krankheiten durch Stress: So sehr kann die Belastung dem Körper schaden, https://www.aok.de/pk/magazin/wohlbefinden/stress/stress-so-krank-kann-er-machen/, abgerufen am 27.10.2022.

Becker, M. (2002), Personalentwicklung – Bildung, Förderung und Organisationsentwicklung in Theorie und Praxis,3. aktualisierte und überarbeitete Auflage, Stuttgart.

Berger, P. (2018), Praxiswissen Führung, Grundlagen – Reflexion – Haltung, Berlin.

CareerBuilder(2020), Praxistipp: Delegieren ist die hohe Kunst der Führung, https://arbeitgeber.careerbuilder.de/blog/praxistipp-delegieren-ist-die-hohe-kunst-der-fuhrung_, abgerufen am 08.11.2022.

Deutsche ApothekerZeitung, Zufriedene Mitarbeiter sind gesünder, https://www.deutsche-apotheker-zeitung.de/daz-az/2015/daz-7-2015/zufriedene-mitarbeiter-sind-gesuender, abgerufen am 27.10.2022.

Dr. Fritz Führungskreise (2016), Transaktionale Führung vs Transformale Führung, https://www.fritz.tips/transaktionale-fuehrung-vs-transformationale-fuehrung/, abgerufen am 25.10.2022.

Duden, Dilemma, https://www.duden.de/rechtschreibung/Dilemma, abgerufen am 14.08.2022.

Fallgatter, M., J. (2020), Management und Managementerfolg – Analyse, Prognose und Gestaltung von Wertschöpfung, Wiesbaden.

Frank, B. (2022), Gesunde Führung – Gesunde Mitarbeiter:innen, https://www.haufe.de/arbeitsschutz/gesundheit-umwelt/gesunde-fuehrung-gesunde-mitarbeiterinnen_94_570816.html, abgerufen am 15.11.2022.

Franken, S. (2016), Führen in der Arbeitswelt der Zukunft – Instrumente, Techniken und Best-Practice-Beispiele, Wiesbaden.

Gabler Wirtschaftslexikon, Definition: Was ist „Führung"?, https://wirtschaftslexikon.gabler.de/definition/fuehrung-33168, abgerufen am 03.04.2022.

Gensrich, E. (2019), Motivierte Mitarbeiter: Ein Schlüssel zum Unternehmenserfolg, https://partner.mvv.de/blog/motivierte-mitarbeiter-ein-schluessel-zum-unternehmenserfolg, abgerufen am 10.10.2022.

Grote, S. (2012), Die Zukunft der Führung, Wiesbaden.

Gurt, J. (2013), Interaktive und strukturelle Führung – Report, Bochum.

Häfner, A., Pinneker, L., Hartmann-Pinneker, J. (2019), Gesunde Führung – Gesundheit, Motivation und Leistung fördern, Berlin.

Hartung, S. (2018), Theorie und Praxis der Organisationsaufstellung – Grundlagen für systemische Personal- und Organisationsentwicklung, Berlin.

Hauber, L, recruiteeblog, Transformationale vs. Transaktionale Führung: Welcher Stil ist besser? https://recruitee.com/de-artikel/transformationale-vs-transaktionale-fuehrung#10, abgerufen am 25.10.2022.

Kossbiel, H. (1990), Thesen zum Wandel der Entgeltbegründung: vom technisch determinierten Anforderungsbezug zur Honorierung qualifikationsbestimmter Produktions- und Organisationsleistungen. In: Dabrowski, H. (Hrsg.): Rahmentarifpolitik im Strukturwandel, Wiesbaden.

Leadership Insiders, Prinzipal-Agenten-Problem, https://www.leadership-insiders.de/lexikon/prinzipal-agenten-problem/, abgerufen am 15.04.2022.

Leadership lernen, Transaktionale Führung, https://leadershiplernen.de/transaktionale-fuehrung/#tve-jump-1715b2b7e85, abgerufen am 25.10.2022.

Lettmann, S. (2022), Führungsstil – Was ist transformale Führung, https://www.business-wissen.de/artikel/fuehrungsstil-was-ist-transformationale-fuehrung/, abgerufen am 25.10.2022.

Lippe, G. (2015), Führung als Herausforderung – Ein Erfahrungs- und Impulsgeber für Führungssituationen in Unternehmen, Berlin/Heidelberg.

Lysk, G. (2020), Distanz oder Nähe – was ist schlauer bei der Mitarbeiterführung, https://www.docatwork.de/als-fuehrungskraft-die-richtige-balance-finden-und-professionell-bleiben/, abgerufen am 06.11.2022.

Mai, J. (2018), Die Karriere Bibel – Definitiv alles, was Sie für Ihren beruflichen Erfolg wissen müssen, München.

Neuberger, O. (2002), Führen und führen lassen – Ansätze, Ergebnisse und Kritik der Führungsforschung, 6. Völlig neu bearbeitete und erweiterte Auflage, Stuttgart.

Raitner, M. (2015), Führen heißt entscheiden, https://fuehrung-erfahren.de/2015/03/fuehren-heisst-entscheiden/, 07.08.2022.

Richter, M. (1985), Personalführung im Betrieb, München.

Robbins, S., Coulter, M., Fischer, I. (2014), Management: Grundlagen der Unternehmensführung, 12. aktualisierte Auflage, Hallbergmoos.

Schweiger, J. (2021), Umgang mit Nähe und Distanz in der Führung, https://www.jasmin-schweiger.de/2021/12/03/umgang-mit-naehe-und-distanz-in-der-fuehrung/#:~:text=Die%20Führungskraft%20verliert%20an%20Authentizität,nur%20noch%20ein%20abstraktes%20Konstrukt., abgerufen am 27.10.2022.

Schwerdtfeger (2021), Delegieren – Ihr wichtigstes Führungsinstrument, https://coach-und-mentor.de/delegieren-wichtigstes-fuehrungsinstrument/, abgerufen am 17.11.2022.

Steffgen, N. (2022), Ziele, Formen und Inhalte der Personalbeurteilung, https://factori-alhr.de/blog/personalbeurteilung/, abgerufen am 14.05.2022.

studyflix, Management by Exception einfach erklärt, https://studyflix.de/wirtschaft/management-by-exception-2436, abgerufen am 25.10.2022.

von Rosenstiel, L. (2000), Grundlagen der Organisationspsychologie: Basiswissen und Anwendungshinweise, Stuttgart.

von Rosenstiel, L., Nerdinger, W. F. (2020), Grundlagen der Führung. In: von Rosenstiel, L., Regnet, E., Domsch, M. E. (Hrsg.), Führen von Mitarbeitern – Handbuch für ein erfolgreiches Personalmanagement, 8., aktualisierte und überarbeitete Auflage, Stuttgart.

Warkentin, N. (2021), Extrinsische Motivation: Unterschied, Beispiele & Nachteile, https://karrierebibel.de/extrinsische-motivation/, abgerufen am 27.10.2022.

Weibler, J. (2001), Personalführung, München.

Weibler, J. (2016), Personalführung,3., komplett überarbeitete und erweiterte Auflage, München.

Wichert, J., Definition: Was ist „Mitarbeiterbeurteilung"? https://wirtschaftslexikon.gabler.de/definition/mitarbeiterbeurteilung-37628, abgerufen am 14.05.2022.

WPGS, transformationale Führung und transaktionale Führung, https://wpgs.de/fachtexte/fuehrung-von-mitarbeitern/transformationale-fuehrung-und-transaktionale-fuehrung/, abgerufen am 25.10.2022.